GIBRAN
Über das Leben

KHALIL GIBRAN

Über das Leben

Gute Gedanken
für jeden Tag

von

Marianne

Nov' 97

Mosaik

Inhalt

Bildnachweis:

Bavaria/Higuchi: 56/57, 108/109; -/Luchs: 39; -/Otto: 64;
-/PP: 12/13, 92/93; -/TCL: 27, 88/89; -/Thiele: 126;
-/Vahl: 112/113; -/VCL: 55; -/Zeitbild: 107
W. Dahlberg: 15, 17, 24, 50/51, 52, 76, 79, 80/81, 87, 95
v. Girard: 69
IFA/Bruce: 60; -/Diaf: 4/5, 34, 96/97, 101, 115; -/Maier: 47;
-/Nägele: 9, 70/71, 118/119, 121; -/Noton: 33; -/Pott: 59;
-/Selma: 36/37; -/Thouvenin: 63; -/TPC: 48; -/Tschanz: 84/85;
-/Weststock: 110
W. Neumeister: 75, 98, 125

Vignetten: IFA/Tschanz

Zusammengestellt von
Christine Stecher

© 1998 Mosaik Verlag München in der
Verlagsgruppe Bertelsmann GmbH / 5 4 3 2 1

Redaktion: Monika König
Art Direction und Layout: Noëlle Thieux, Magic Design
Umschlaggestaltung: Design Team München
Umschlagfoto: G + J / Photonica
Reproduktionen: ArtiLitho, Trento
Druck und Bindung: Clausen & Bosse, Leck
Printed in Germany

ISBN 3-576-11218-9

Leben

»… ihr seid ein Ebenbild
des Lebens, denn ihr und das
Leben seid eins.«

Wunder

Das Leben ist verhüllt und verborgen,
wie auch euer größeres Selbst verborgen
und verhüllt ist. Aber wenn das Leben spricht,
werden alle Winde Worte;
und wenn es von neuem spricht,
so wird das Lächeln auf euren Lippen
und die Tränen in eurem Aug' zum Wort.
Wenn es singt, hören es die Tauben
und sind ergriffen;
und wenn es sich langsam nähert,
sehen es die Blinden und sind entzückt und
folgen ihm verwundert und erstaunt.

Garten

•

Wir sind noch immer damit beschäftigt,
die Muscheln zu untersuchen, als ob sie alles
wären, was vom Meer des Lebens an die Küste
von Tag und Nacht gespült wird.

Gedanken

Die Einheit
allen Seins

*Alles, vom Niedrigsten bis zum Höchsten,
vom Kleinsten bis zum Größten,
lebt gleichberechtigt in dir. In einem einzigen
Atom findest du alle Elemente der Erde,
ein einziger Tropfen Wasser beinhaltet alle
Geheimnisse des Ozeans, und in einer
einzigen Regung des Geistes findest du die
Bewegung sämtlicher Lebensgesetze.*

Gedanken

*Das Bild der Sonne in einem Tautropfen ist
nicht weniger als die Sonne selbst.
Das Abbild des Lebens in eurer Seele ist nicht
weniger wert als das Lebens selbst.
Ein Tropfen des Taues spiegelt das Licht
wider, denn es ist eins mit dem Licht,
und ihr seid ein Ebenbild des Lebens, denn
ihr und das Leben seid eins.*

Garten

•

*In der Erinnerung gibt es keine Grenzen;
nur im Vergessen liegt eine Kluft,
unüberwindlich für eure Stimme
und euer Auge.*

Garten

Doch heute zu sein...

Heißt, weise sein, wenn auch vertraut mit der Torheit; heißt, stark sein, aber nicht zum Schaden des Schwachen; heißt, mit den Kindern spielen, aber nicht als ihre Väter, sondern als ihre Kameraden, die ihre Spiele lernen wollen;

heißt, einfach und offen sein mit den Alten und mit ihnen im Schatten betagter Eichen sitzen, auch wenn ihr noch im Frühling steht;

heißt, einen Dichter suchen, auch wenn er hinter sieben Flüssen wohnt, und in seiner Gegenwart Frieden empfinden, nichts wollen, ohne Zweifel sein und ohne Frage auf den Lippen;

heißt, wissen, daß der Heilige und der Sündige Zwillingsbrüder sind, deren Vater unser Barmherziger König ist, und daß der eine nur kurz vor dem anderen geboren wurde, weshalb wir ihn als Kronprinzen betrachten;

heißt, der Schönheit folgen, auch wenn sie zum Rande des Abgrunds führt; und wenn sie Flügel hat, ihr aber ohne Flügel seid, ihr folgen, auch wenn sie über den Abgrund geht, denn wo keine Schönheit ist, da gibt es nichts;

heißt, ein Garten sein ohne Mauern, ein Weinberg ohne Wächter, eine Schatzkammer, immer offen stehend für Besucher;

heißt, ausgeraubt, betrogen, enttäuscht, ja sogar irregeführt, in die Falle geraten und dann verspottet sein, trotz alledem aber herabblicken von der Höhe eures größeren Selbst und lächeln im Bewußtsein, daß es einen Frühling gibt, der in euren Garten kommt, um in euren Blättern zu tanzen, und einen Herbst, der eure Trauben reifen läßt;

heißt, wissen, daß ihr nur ein Fenster nach Osten öffnen müßt, um niemals allein zu sein, und wissen, daß alle, die für Übeltäter und Räuber gehalten werden, eure Brüder sind, die ihr braucht, und daß ihr selbst all das seid in den Augen der seligen Bewohner der Unsichtbaren Stadt jenseits von uns.

Garten

Worte
im Sand

Ein Mann sprach zu einem anderen:
»Vor langer Zeit schrieb ich mit der Spitze
meines Stabes eine Zeile in den Sand – als
die Flut kam; und die Menschen bleiben
immer noch stehen, um die Worte zu
lesen, und sie achten darauf,
daß sie nicht verwischt werden.«
Und der andere Mann sprach:
»Auch ich schrieb eine Zeile in den Sand,
doch zur Zeit der Ebbe; und eine Woge der
rauhen See spülte sie fort. Aber sage mir,
was hast du geschrieben?«
Und der erste Mann antwortete,
indem er sprach: »Dieses: ›Ich bin der,
der ist.‹ Und wie lauteten deine Worte?«
Der andere sprach: »Ich schrieb:
›Ich bin nur ein Tropfen
dieses weiten Ozeans.‹«

Wanderer

Was das
Leben fordert

Wir klammern uns an die Erde,
während das Tor des göttlichen Herzens
weit offen steht. Wir verachten das Brot
des Lebens, während der Hunger an
unseren Herzen nagt.
Wie gut doch das Leben zum Menschen ist;
aber wie weit ist der Mensch
vom Leben entfernt!

Worte

*Mit Wünschen und Begierden nimmt das
Leben uns in Besitz. Ob wir wollen oder
nicht, wir müssen uns bemühen,
die Wünsche zu verwirklichen und die
Begierden zu stillen.*

Gedanken

•

*Blicke jeden Tag in dein Gewissen
und bessere dich.
Wenn du diese Pflicht vernachlässigst,
wirst du Wissen und Vernunft,
die in dir wohnen,
untreu werden.*

Worte

Wisse um deinen eigenen Wert,
und du wirst nicht zugrunde gehen.
Die Vernunft ist dein Licht und das
Leuchtfeuer der Wahrheit.
Vernunft ist die Quelle des Lebens.
Gott hat dir das Wissen gegeben,
auf daß du unter ihrem Licht
nicht nur ihn anbetest,
sondern damit du auch dich selbst
in deiner Schwäche und Stärke
sehen kannst.

Worte

Rote Erde

Ein Baum sprach zu einem Mann:
»Meine Wurzeln stecken tief in
der roten Erde, und ich werde dir
von meinen Früchten geben.«
»Wie ähnlich wir uns doch sind«,
meinte der Mann.
»Ich bin ebenfalls in der roten Erde
verwurzelt. Sie ist es,
die dir die Kraft gibt,
mir von deinen Früchten zu schenken,
und sie ist es,
die mich lehrt,
das Geschenk dankbar
von dir anzunehmen.«

Wanderer

Lebens- einstellungen

» Wer keinen Rat sucht,
ist ein Narr. «

Torheiten

Niemals traf ich einen dünkelhaften
Menschen, der nicht auch innerlich
verwirrt war.

Gedanken

•

Die meisten von uns bewegen sich unsicher
zwischen stummer Auflehnung
und lautstarker Unterwürfigkeit.

Gedanken

•

Geheuchelte Bescheidenheit ist nur
verbrämte Unverschämtheit.

Gedanken

*Der Optimist sieht eine Rose,
nicht aber ihre Dornen. Der Pessimist starrt
auf die Dornen und vergißt die Rose.*

Gedanken

•

*Ich bedaure denjenigen,
dessen Lippen und Zunge mit Worten
des Lobes geizen, während seine Hand sich
nach Almosen ausstreckt.*

Gedanken

•

*Kurzsichtig ist der, welcher nur auf den
Weg blickt, auf dem er geht, und auf die
Wand, an die er sich lehnt.*

Gedanken

Armut verbirgt sich im Denken,
ehe sie in den Geldbörsen erscheint.

Gedanken

•

Wenn Menschen das verschmähen, was sie
nicht begreifen, dann gleichen sie
Fieberkranken, denen das erlesenste
Mahl zuwider ist.

Gedanken

•

Das, was dir häßlich erscheint,
ist nur eine Täuschung des Äußeren
gegenüber deinem Inneren.

Gedanken

*Wer keinen Rat sucht, ist ein Narr.
Seine Torheit macht ihn der Wahrheit
gegenüber blind, böse und widerspenstig,
und er wird zu einer Gefahr
für seine Gefährten.*

Worte

•

*Widerspruch ist die niedrigste
Form von Intelligenz.*

Gedanken

•

*Wer tut, was sein Gewissen ihm verbietet,
begeht eine Sünde. Aber auch der sündigt,
der nicht tut, was sein Gewissen ihm befiehlt.*

Gedanken

Tugenden

Die Schönheit im Herzen eines Menschen
ist erhabener als diejenige,
die man mit Augen sehen kann.

Gedanken

•

Derjenige ist tugendhaft, der sich selbst nicht
freispricht von den Fehlern der Menschen.

Gedanken

•

Der Gerechte steht den Herzen der Menschen
nahe, der Gütige jedoch dem Herzen Gottes.

Gedanken

*Lieber wäre ich eine vertrocknete Quelle,
und die Menschen würden Steine in meine
Tiefe werfen. Denn es ist besser,
ein leerer Brunnen zu sein als ein Quell
reinen Wassers, der von dürstenden Lippen
nicht berührt wird.*

Meister und Schüler

•

*König der Könige ist,
wer die Liebe der Armen gewinnen kann.*

Gedanken

*Ein Sänger kann mit seinem Gesang
niemanden entzücken,
wenn es ihm nicht selbst Vergnügen
bereitet, zu singen.*

Gedanken

•

*Die Furcht vor der Hölle
ist die Hölle selbst,
und die Sehnsucht nach dem Paradies
ist schon das Paradies.*

Gedanken

Du und ich

»Man sagt, wer sich selbst versteht, begreift alle Menschen.«

In den Spiegel blicken

Als ich als klarer Spiegel vor dir stand,
starrtest du mich an und sahest dein Gesicht.
Dann sagtest du: »Ich liebe dich.«
Aber in Wahrheit liebtest
du dich selbst in mir.

Sand

•

Aus zwei Teilen besteht das menschliche Ich.
Der eine Teil trachtet danach,
sich selbst zu erkennen,
der andere will von den Menschen
erkannt werden.

Gedanken

Man sagt, wer sich selbst versteht,
begreift alle Menschen.
Doch ich sage euch,
wenn jemand die Menschen liebt,
lernt er etwas über sich selbst.

Gedanken

•

Mein Feind sprach zur mir:
»Liebe deinen Feind!«
Ich gehorchte ihm
und liebte mich selbst.

Gedanken

Empfindlichkeiten

Dein Vertrauen in die Menschen
und dein Zweifel an ihnen
ist eng verbunden mit deinem Selbstvertrauen
und dem Zweifel an dir selbst.

Gedanken

•

Die meisten zart besaiteten Menschen
verletzen deine Gefühle,
damit du ihnen nicht
zuvorkommst und die ihrigen verletzt.

Gedanken

•

Was soll ich über den sagen,
der sich Geld von mir borgt,
um sich ein Schwert zu kaufen,
mit dem er mich dann angreift?

Gedanken

Was soll ich über einen sagen,
der mich schlägt, wenn ich ihn auf die Wange
küsse, und der meine Füße küßt,
sobald ich ihn schlage?

Gedanken

•

Wie fern bin ich den Menschen,
wenn ich bei ihnen weile, und wie nahe,
wenn ich fern von ihnen bin.

Gedanken

•

Wenn es um unsere eigenen Interessen geht,
sind wir sehr praktisch veranlagt;
doch wir zeigen uns als Idealisten, sobald es um
die Interessen der anderen geht.

Gedanken

•

Unser schlimmster Fehler ist unser Vorurteil
gegenüber den Fehlern der anderen.

Gedanken

Freundschaft

Wer dich versteht,
ist enger mit dir verwandt
als dein eigener Bruder.
Denn selbst dein nächster Verwandter
kann dich manchmal weder verstehen
noch deinen wahren Wert erkennen.

Worte

•

Abermals bitte ich euch,
nicht so freimütig von Gott zu sprechen,
der unser Alles ist –
lieber sprecht miteinander und beginnt,
einander zu verstehen –
Nachbar zu Nachbar,
göttliche Natur zu göttlicher Natur.

Garten

*Freundschaft mit einem Unwissenden
ist ebenso töricht wie Streit
mit einem Betrunkenen.*

Worte

•

*Denn du und ich sind eins,
und es gibt keine Verschiedenheit
zwischen uns, außer daß ich
mit Nachdruck das verkünde,
was mein inneres Selbst ist,
während du das, was du in dir trägst,
wie ein Geheimnis hütest.
Doch in dieser deiner Verschwiegenheit
liegt auch eine Art von Tugend.*

Göttin

Liebe

» Waren wir wirklich
je getrennt? «

Die Liebe
verändert alles

Der Chemiker, der aus den Bestandteilen
seines Herzens Mitleid, Achtung, Sehnsucht,
Geduld, Überraschung, Reue
und Vergebung filtern könnte,
um all dies zu einer Einheit zu fassen,
hätte das Atom geschaffen,
das man LIEBE nennt.

Gedanken

•

Gäbe es kein Sehen und kein Hören,
so wären Licht und Klang nichts als ein
pulsierendes Chaos im Weltraum.
Und gäbe es nicht das Herz, das du liebst,
wärest du feiner Staub,
den der Wind davonträgt.

Gedanken

*Zärtlichkeit und Güte sind nicht
Zeichen von Schwäche und Verzweiflung,
sondern Ausdruck von Stärke und
Entschlossenheit.*

Gedanken

•

*Meine Seele zeigte mir,
daß die Liebe nicht nur auf den stolz ist,
der liebt,
sondern auch auf den,
der geliebt wird.*

Göttin

•

Wie der Tod verändert auch die Liebe alles.

Gedanken

Über den
ersten Blick

Dies ist der Augenblick, der den Rausch des Lebens vom Erwachen trennt; die erste Flamme, welche das Innerste des Herzens erleuchtet; der erste bezaubernde Klang, der auf den silbernen Saiten der Seele ertönt. Es ist der kurze Augenblick, welcher dem Geist die Geschehnisse der Zeit enthüllt und der vor den Augen die Taten der Nacht und die Werke des Bewußtseins ausbreitet. Er eröffnet die Geheimnisse der zukünftigen Ewigkeit. Die ist der Same, den Ishtar, die Göttin der Liebe, verstreut und den die Augen des geliebten Wesens auf das Feld der Liebe säen, der von der Liebe zum Wachsen und von der Seele zur Frucht gebracht wird.

Der erste Blick des Geliebten ist wie der Geist, der über dem Antlitz des Wassers schwebt und der Himmel und Erde schuf, als der Herr sprach: »Es werde.«

Worte

Liebe und Ehe

ie Ehe ist die Vereinigung zweier göttlicher Wesen, damit auf Erden ein drittes geboren werden kann. Sie ist das Aneinanderbinden zweier Seelen in heftiger Liebe, um die Trennung aufzuheben; die höhere Übereinstimmung, die zwei getrennte Einheiten zweier Seelen verbindet; der goldene Ring einer Kette, deren erstes Glied ein Blick und deren letztes die Ewigkeit ist. Sie ist der erfrischende Regen, der vom unbefleckten Himmel fällt, um die Gefilde der göttlichen Natur fruchtbar zu machen und zu segnen.

Worte

Das Band
der Liebe

*Denn die Liebe, so sie Heimweh hat,
erhebt sich über jedes Messen. Mancher
Augenblick wirkt wie eine Ewigkeit der
Trennung. Doch Trennung ist nichts anderes
als ein Erschöpfen des Geistes.
Waren wir wirklich je getrennt?*

Garten

•

*Wenn der erste Blick der Same ist,
den die Göttin auf das Feld des menschlichen
Herzens streut, so ist der erste Kuß die erste
Blüte am Baume des Lebens.*

Worte

Liebe und Leidenschaft

Innere Leere und Liebe sind
wie Ebbe und Flut.
Gedanken

•

Wie schwer ist das Leben für den,
der nach Liebe verlangt
und Leidenschaft erhält!
Gedanken

•

Leidenschaftliche Liebe ist
ein nicht zu löschender Durst
Gedanken

•

Liebe lernt ihre eigene Tiefe erst
in der Stunde der Trennung kennen.
Gedanken

Am Tor
des Tempels

Ich reinigte meine Lippen mit heiligem Feuer, da ich von der Liebe sprechen wollte; doch ich konnte keine Worte finden.

Als ich die Liebe kennenlernte, wandelten sich meine Worte in mattes Keuchen, und das Lied in meinem Herzen wurde stumm.

O ihr, die ihr mich nach der Liebe fragt und die ich euch von ihren Geheimnissen und Wunden überzeugen wollte – jetzt, da sie ihren Schleier um mich geworfen hat, komme ich zu euch, um euch nach der Liebe Lauf und Lohn zu fragen.

Wer kann meine Fragen beantworten? Ich frage nach dem, was in mir vorgeht; und ich strebe danach, über mich selbst Kenntnis zu erhalten.

Wer von euch vermag es, mir mein Innerstes und meiner Seele ihren Kern zu enthüllen?

Um der Liebe willen, sagt mir, was ist das für eine Flamme, die in meinem Herzen brennt, die meine Kräfte aufzehrt und meinen Willen lähmt?

Was ist das für eine verborgene Hand, die zärtlich und gewaltsam zugleich nach meiner Seele greift? Was ist das für ein Wein, der aus bitterer Freude und süßem Schmerz gemischt ist und mein Herz überströmen läßt? Was sind das für Schwingen, die in der Stille der Nacht über mir schweben und mich schlaflos halten; und keiner weiß, worüber sie wachen.

Was ist das für ein unsichtbares Ding, auf das ich blicke? Was ist das Unbegreifliche, über das ich nachdenke, und was ist das für ein Empfinden, das nicht gefühlt werden kann?

In meinen Seufzern liegt eine Trauer, die schöner ist als der Widerhall des Lachens und hinreißender als die Freude.

Weshalb überlasse ich mich dieser unbekannten Macht, die mich erschlägt und mich wieder zum Leben erweckt, sobald es dämmert, und die meinen Kummer mit ihrem Licht erfüllt?

Die Gespenster der Schlaflosigkeit zittern unter meinen brennenden Lidern, und die Schatten der Träume schweben über meinem harten Lager.

Was ist es, das wir Liebe nennen? Sagt mir, was ist dieses Geheimnis, das sich in den Zeiten verbirgt und doch jedes Bewußtsein durchdringt?

Was macht dieses Bewußtsein aus, das zugleich Ursprung und Ergebnis aller Dinge ist?

Was bedeutet dieses Wachsein, das aus Leben und Tod einen Traum formt, der seltsamer ist als das Leben und tiefer als der Tod?

Sagt mir, Freunde, gibt es einen unter euch, der nicht aus dem Schlummer des Lebens erweckt würde, wenn die Liebe seine Seele berührt?

Göttin

Schmerz und Trost

*»Geh und fürchte dich nicht
vor den Dornen und den harten
Steinen auf dem Pfade
des Lebens.«*

Dem Schicksal folgen

Immer werden wir auf der Suche nach den
Küsten sein, damit wir singen können
und gehört werden. Denn was geschieht der
Welle, deren Brechen kein Ohr wahrnimmt?
Es ist das Unerhörte in uns, das unser tieferes
Leid nährt. Und doch ist es gerade dieses
Unerhörte, das unserer Seele Gestalt verleiht
und unser Schicksal bestimmt.

Garten

•

Wenn wir lieben, stammt unsere Liebe weder
von uns, noch ist sie für uns.
Wenn wir uns freuen, ist unsere Freude nicht
in uns, sondern im Leben selbst.
Wenn wir leiden, liegt unsere Not nicht
in unseren Wunden, sondern im tiefsten
Herzen der Natur.

Meister und Schüler

Als ich meinen Schmerz
auf den Acker der Geduld pflanzte,
brachte er die Frucht des Glücks hervor.

Gedanken

•

Wenn du sehen könntest, mein betrübter
Freund, daß das Unglück,
welches dir im Leben widerfährt,
die gleiche Kraft ist, die dein Herz erleuchtet
und deine Seele aus den Niederungen
des Spottes zum Thron der Wertschätzung
emporhebt, würdest du dein Schicksal
annehmen und es als ein Vermächtnis
betrachten, das dich bildet und weise macht.

Worte

•

Habe ich nicht Hunger und Durst, Leid
und Hohn der Wahrheit wegen ausgestanden,
die der Himmel in meinem Herzen
erweckt hat?

Gedanken

Oft finden wir das Leben bitter,
doch nur, wenn wir selbst von Bitterkeit
umhüllt sind. Und wir halten es für leer
und unergiebig, doch nur,
wenn die Seele zu öden Orten zieht und das
Herz berauscht ist von sich selbst.

Garten

•

Brich nun auf und zögere nicht;
vorwärts zu gehen heißt, der Vollkommenheit
folgen. Geh und fürchte dich nicht vor
den Dornen und den harten Steinen
auf dem Pfade des Lebens.

Worte

•

Die Welt, die sich mit dir bewegt,
ist dein Herz, das wiederum die Welt selbst ist.
Und der Mensch, den du für so klein und
unwissend hältst, ist ein Bote Gottes,
der gekommen ist, um durch die Trauer die
Freude des Lebens zu erlernen und durch
Unwissenheit zum Wissen zu gelangen.

Worte

Die Perle

Eine Auster sprach zu ihrer Nachbarin: »Ich trage großen Schmerz in mir. Schwer ist er und rund, und ich habe große Not.«
Die andere Auster antwortete mit überheblicher Selbstzufriedenheit: »Gelobt sei der Himmel und das Meer, denn ich habe keine Schmerzen. Es geht mir gut, innen und außen.«
In diesem Augenblick kam ein Krebs vorbei und hörte die beiden Austern.
Darauf sagte er zu derjenigen, die innen wie außen unversehrt war: »Ja, dir geht es wohl gut; doch der Schmerz, den deine Nachbarin in sich trägt, ist eine Perle von hinreißender Schönheit.«

Wanderer

Gelassen bleiben

Es ist wahr, daß die Liebe von Schmerz begleitet wird und daß die Verantwortung auch Freude schenkt.

Gedanken

•

Es gibt keine Annehmlichkeit in unserer gegenwärtigen Kultur, die nicht auch Unbehagen hervorruft.

Gedanken

•

Hinter aller Schöpfung gibt es eine ewige Weisheit, welche Verheerung und Zerstörung hervorbringt, aber auch unaussprechliche Schönheit bewirkt. Denn Feuer, Donner und Sturm gehören zur Erde wie Haß, Neid und Bosheit zum menschlichen Herzen.

Worte

Meine Seele ermahnte mich und sprach:
»Freue dich nicht zu sehr über ein Lob,
und sei nicht bekümmert wegen
eines Tadels.«
Ehe meine Seele mir dies riet,
zweifelte ich stets am Wert meines Tuns.
Nun habe ich erkannt,
daß die Bäume im Frühling blühen
und im Sommer Früchte tragen,
ohne Lob zu erheischen,
und daß sie im Herbst
ihre Blätter verlieren
und im Winter nackt dastehen,
ohne daß sie jemand tadelt.

Göttin

Tränen und Gelächter

Am Ufer des Nils, zur Abendzeit, begegneten
sich eine Hyäne und ein Krokodil. Sie hielten
inne und begrüßten sich. »Wie geht es euch,
mein Herr?« fragte die Hyäne.
Das Krokodil antwortete: »Mir geht
es nicht gut. Denn manchmal, wenn ich
Schmerzen habe oder traurig bin
und deshalb weine, dann rufen alle
Kreaturen: ›Nichts als Krokodilstränen!‹
Und das verletzt mich doch sehr.«
»Ihr sprecht«, sagte darauf die Hyäne, »von
eurem Schmerz und eurem Leid.
Doch denkt einmal nur einen Augenblick auch
über mich nach. Ich bestaune die Schönheit der
Welt, ihre Wunder und ihren Zauber.
Und aus reiner Freude lache ich dann – wie
ja auch der Tag lacht. Aber die Leute im
Dschungel sagen nur: ›Das ist bloß das
Gelächter einer Hyäne.‹«

Wanderer

Menschliche Schwächen

Manche finden Gefallen am Schmerz; und manche können nur mit Schmutz reinigen.

Gedanken

•

Bedürftigkeit kann Überheblichkeit verbergen, und der Schmerz des Elends die Verstellung suchen.

Gedanken

•

Wer könnte sich von seiner Traurigkeit und seiner Einsamkeit trennen, ohne Leid im Herzen zu tragen?

Gedanken

*Jammern und Klagen ziemt sich für jene,
die vor dem Thron des Lebens stehen und
von ihm scheiden, ohne einen Tropfen
Schweiß von ihrer Stirn oder einen Tropfen
Blut aus ihrem Herzen zurückzulassen.*

Gedanken

•

*So vergehen die Nächte, und wir
leben in Achtlosigkeit; und die Tage
grüßen und umarmen uns. Wir aber leben
in ständiger Furcht vor Tag und Nacht.*

Worte

•

*Unsere Trauer über einen Verstorbenen
kann eine Form von Eifersucht sein.*

Gedanken

*Gestern bereute ich mein Tun, und heute
verstehe ich meinen Irrtum und das Unglück,
das ich selbst über mich brachte,
als ich meinen Bogen zerbrach und meinen
Köcher zerstörte.*

Worte

•

*Das Leben trägt uns von einem Ort
zum anderen, und das Schicksal zieht
uns von hier nach dort. Doch wir, die wir
zwischen diesen beiden gefangen sind,
vernehmen schreckliche Stimmen und
sehen nur das, was uns als Hindernis und
Hürde im Wege steht.*

Worte

Trost

Tröstet euch, meine geliebten Schwachen, denn es gibt eine gewaltige Macht jenseits dieser sichtbaren Welt, eine Macht, die alle Gerechtigkeit, alles Mitleid und Erbarmen und alle Liebe umschließt.

Ihr seid wie eine Blume, die im Schatten wächst; eine sanfte Brise kommt und trägt euren Samen zum Sonnenlicht, wo ihr erneut in Schönheit leben werdet.

Ihr seid wie der Baum ohne Laub, der vom Schnee des Winters niedergedrückt wird. Aber der Frühling wird kommen und sein grünes Gewand über euch legen; und die Wahrheit wird den Tränenschleier zerreißen, der euer Lachen verbirgt.

Worte

Liebe, die mächtige Regentin, hat meinem toten Selbst das Leben wiedergegeben. Sie brachte meinen vor Tränen blinden Augen das Licht zurück und hob mich aus dem Abgrund der Verzweiflung zum himmlischen Reich der Hoffnung empor.

Denn all meine Tage waren wie Nächte, meine Geliebte. Doch siehe, der Morgen naht, und bald wird die Sonne aufgehen. Denn der Atem des Kindes Jesus hat das Firmament erfüllt und ist mit dem Himmel eins geworden. Das Leben, einst voll Leid, ist nun vor Freude übervoll, denn die Arme des Kindes halten meine Seele umfaßt.

Worte

Das wahre Licht ist das Licht, das aus dem Innern der menschlichen Seele hervorbricht, das den anderen das Geheimnis seiner Seele offenbart und andere glücklich macht, so daß sie singen im Namen des Geistes. Die Wahrheit aber gleicht den Sternen: sie erscheint nur auf dem dunklen Hintergrund der Nacht. Die Wahrheit ist wie alle schönen und guten Dinge in dieser Welt: ihre Wirkungen enthüllen sich nur dem, der die Unbarmherzigkeit der Falschheit und Verstellung gespürt hat. Die Wahrheit ist das verborgene Gefühl, das uns lehrt, uns zu erfreuen und die Freude mit anderen Menschen zu teilen.

Rebellische Geister

Einsamkeit

Leben, mein Freund, ist eine Insel,
von allen anderen Inseln und Gefilden
getrennt. Gleichgültig, wie viele Schiffe von
deinen Küsten nach fernen Erdstrichen fahren,
wie oft die Flut deine Gestade umspült,
du bleibst eine vereinzelte Insel und mußt den
Schmerz der Einsamkeit erdulden voll
Sehnsucht nach Glück.

Worte

•

Das Leben deines Geistes, mein Bruder,
ist in Einsamkeit gehüllt, und würde es sich
nicht so verhalten, dann wärest du nicht du
und ich wäre nicht ich. Gäbe es dieses
Alleinsein und dieses Einsamsein nicht,
dann würde ich glauben, daß die Stimme,
die ich vernehme, wenn du sprichst,
meine eigene sei; oder ich würde
dein Gesicht sehen, sobald ich selbst in
den Spiegel blicke.

Worte

Glaube

*»Glaube ist das Wissen
im Herzen, das keines
Nachweises bedarf.«*

Der Blitzstrahl

Ein Bischof stand an einem gewittrigen Tag
in seiner Kathedrale. Da kam eine Heidin,
trat vor ihn und sprach: »Ich bin keine
Christin. Gibt es für mich eine Rettung vor
dem Feuer der Hölle?«
Der Bischof sah die Frau an und antwortete,
indem er sprach: »Nein, Rettung
gibt es nur für die, welche mit dem Wasser
und durch den Geist getauft sind.«
Im Augenblick, da er dies sprach, fuhr ein
Blitzstrahl vom Himmel hernieder,
gefolgt von einem fürchterlichen Donner,
schlug in die Kathedrale ein und entfachte
eine Feuersbrunst.
Die Menschen aus der Stadt kamen gelaufen
und retteten die Frau; doch den Bischof
verzehrten die Flammen.

Wanderer

Wahre Religiosität

Das Leben vollzieht sich nicht an der
Oberfläche, sondern im Verborgenen.
Es kommt nicht auf die äußere Schale
der Dinge an, sondern auf ihren inneren Kern,
und die Menschen erkennt man nicht
an ihren Gesichtern, sondern an ihren Herzen.
Religion beschränkt sich nicht auf das,
was ihre Tempel ausstellen und ihre Riten
und Traditionen verkünden,
sondern darauf, was sich in den Seelen
verbirgt und welche Vorsätze in die Tat
umgesetzt werden.

Erde

*D*ie Glaubenssätze und Lehren,
die den Menschen unglücklich und
verbittert machen, sind nichtig und wertlos.
Es ist die Pflicht des Menschen, glücklich
zu sein auf dieser Erde und die Pfade
zum Glück zu lehren, da wo er Menschen
begegnet. Derjenige, der das Himmelreich
in diesem Leben nicht entdeckt,
wird es auch im kommenden Leben nicht
erfahren. Wir sind nicht als Verbannte
und Verworfene in diese Welt gekommen, sondern als Kinder, die die Freuden
und Schönheiten des Lebens kennenlernen
sollen und durch die Erkenntnis dieser
Geheimnisse den ewigen Schöpfer anbeten.

Rebellische Geister

•

*G*ott versah die Wahrheit mit vielen Türen,
um jeden Gläubigen willkommen zu heißen,
sobald er anklopft.

Gedanken

Gott finden

Zwei Männer stiegen ins Tal hinab, und einer von ihnen deutete nach der Bergkette und sprach: »Siehst du die Einsiedlerklause da droben? Dort lebt ein Mann, der sich schon lange von der Welt getrennt hat. Er sucht Gott und nichts als Gott auf dieser Erde.«

»Er wird Gott nicht finden«, meinte der andere, »solange er seine Klause und sein Einsamsein dort oben nicht aufgibt und in die Welt zurückkehrt, um unsere Freude und unseren Schmerz zu teilen, bei unseren Hochzeiten zu tanzen und mit denen zu weinen, die an den Särgen unserer Toten stehen.«

Der erste Mann war auch überzeugt davon, aber ungeachtet dessen sprach er: »Ich stimme allem, was du sagst, bei, doch ich glaube, der Einsiedler ist ein guter Mensch. Könnte es nicht auch sein, daß ein aufrechter Mann durch seine Abgeschiedenheit Besseres vollbringt als die scheinbare Rechtschaffenheit vieler Menschen?«

Wanderer

Bedenke, daß die Göttlichkeit
das wahre Selbst des Menschen ist.
Sie kann nicht mit Gold erkauft werden;
man kann sie auch nicht anhäufen
wie die Reichtümer
der heutigen Welt.

Worte

•

Wir sind Gott in der Gestalt des Blattes,
der Blüte und oftmals der Frucht.

Garten

Das Wissen
im Herzen

*Wissenschaft und Religion kommen
miteinander aus, doch Wissenschaft und
Glaube niemals.*

Gedanken

•

*Anbetung erfordert nicht Zurückgezogenheit
und Einsamsein.*

Gedanken

•

*Näher bei Gott zu sein heißt,
den Menschen näher zu sein.*

Gedanken

•

*Furcht vor dem Teufel ist ein Weg,
um an Gott zu zweifeln.*

Gedanken

Tod und Wiedergeburt

»Der Sinn des Lebens
ist das Leben selbst,
welches jedoch nicht
im Mutterleib beginnt und
nicht im Grabe endet.«

Ein Augenblick im ewigen Leben

Der Sinn des Lebens ist das Leben selbst, welches jedoch nicht im Mutterleib beginnt und nicht im Grabe endet. Denn die Jahre, die vorübergehen, sind nichts anderes als ein Augenblick im ewigen Leben; und die wahrnehmbare Welt und alles, was es in ihr gibt, ist nur ein Traum, dem Erwachen vergleichbar, welches wir die Angst vor dem Tode nennen.

Die Luft trägt jeden Klang des Lachens, jeden Seufzer, der aus unseren Herzen kommt, davon, und sie bewahrt den Widerhall, welcher jedem Kuß antwortet, dessen Ursprung Freude ist.

Die Engel zählen jede Träne, welche in Trauer vergossen wird; und sie tragen den lauschenden Seelen, die in den Himmeln der Unendlichkeit schweben, jedes Lied der Freude zu, das unseren Gefühlen entstammt.

Dort, in der zukünftigen Welt, werden wir alle Schwingungen unseres Inneren sehen und die Bewe-

gung unseres Herzens fühlen. Wir werden die Bedeutung des Göttlichen in uns verstehen, die wir
hier verdammen, weil uns die Verzweiflung treibt.

Meister und Schüler

Der Tod verändert nichts außer
den Masken, die unsere Gesichter bedecken.

Garten

●

Und wenn es etwas Schönes gibt,
das ich dir nicht gezeigt, dann werde ich einst
wieder gerufen, sogar bei meinem eigenen
Namen; und ich werde dir ein Zeichen geben,
damit du weißt, daß ich zurückgekommen
bin, um von all dem zu sprechen,
das noch nicht verkündet ist;
denn Gott wird es nicht ertragen,
daß Er vom Menschen verborgen wird
und daß Sein Wort begraben liegt im
Abgrund des menschlichen Herzens.

Garten

Der Fluß

Im Tal von Kadisha, wo der mächtige Fluß strömt, kamen zwei Seitenarme zusammen und unterhielten sich.

»Wie geht es dir, mein Freund«, fragte der eine, »und wie war dein Weg?«

»Mein Weg war beschwerlich«, antwortete der andere. »Ein Mühlrad war gebrochen, und der Bauer, der mich stets von meinem Bett zu seinen Feldern führte, ist tot. Ich bäumte mich auf gegen das Versickern im Schmutze derer, die den ganzen Tag nichts zu tun haben, als ihre Faulheit in der Sonne zu braten. Doch wie war dein Weg, mein Bruder?«

»Mein Weg war ganz anders. Ich kam die Hügel herab zwischen duftenden Blüten und stillen Weiden. Männer und Frauen tranken aus mir mit silbernen Bechern, und kleine Kinder planschten mit ihren rosigen Füßen an meinen Uferrändern, und überall herum gab es Gelächter und Gesang. Wie traurig, daß dein Weg nicht auch so schön verlief.«

In diesem Augenblick sprach der große Fluß mit mächtiger Stimme: »Herein, nur herein, wir fließen dem Meer zu! Herein, und hört zu sprechen auf. Kommt jetzt mit mir! Wir fließen zum Meer. Kommt, bei mir werdet ihr eure Wanderungen vergessen, ob sie nun schön oder beschwerlich waren. Kommt! Ihr und auch ich, wir werden alle unsere Wege vergessen, wenn wir das Herz unserer Mutter, die See, erreicht haben.«

Wanderer

Ich gehe, doch wenn ich mit einer
ungesagten Wahrheit gehe,
wird mich diese wieder suchen
und mich finden,
wenn auch die Teile meines Seins
in der Stille der Ewigkeit
verstreut sind.

Garten

•

O Herz, wenn der Unwissende sagt,
daß die Seele ebenso wie der Körper vergeht,
dann antworte ihm,
daß zwar die Blume verblüht,
der Same jedoch bleibt.
Dies ist göttliches Gesetz.

Gedanken

Weisheit
und Vernunft

»Gib die Hoffnung nie auf,
und verharre nicht in
Verzweiflung über das,
was vergangen ist …«

Sei weise

Wenn die Vernunft zu dir spricht,
höre auf das, was sie sagt, und
du wirst gerettet werden. Mache dir ihre
Äußerungen zunutze, so gut du kannst,
und du wirst wohl gerüstet sein.
Denn Gott hat dir keinen besseren Führer
gegeben als die Vernunft
und keinen stärkeren Helfer als sie.
Wenn in deinem Inneren die Vernunft spricht,
bist du gegen jegliches Verlangen gefeit.
Denn sie ist ein kluger Ratgeber,
ein getreuer Begleiter und ein umsichtiger
Wegweiser. Die Vernunft ist das Licht
in der Dunkelheit, wie auch durch den Zorn
inmitten der Lichts Dunkelheit
entstehen kann. Sei weise und laß
die Vernunft und nicht den Trieb
dein Berater sein.

Worte

Gott schafft nichts Böses.
Er gibt uns die Vernunft und die Fähigkeit
zu lernen, damit wir immer auf der Hut
vor den Fallstricken des Irrtums und
der Verwirrung sind.
Gesegnet sind diejenigen,
welchen Gott die Gabe der Vernunft
verliehen hat.

Worte

Leben in die Hand nehmen

Mein Freund, verhalte dich nicht wie jener,
der an der Feuerstelle sitzt,
das Feuer erlöschen sieht und dann
vergebens in die kalte Asche bläst.
Gib die Hoffnung nie auf,
und verharre nicht in Verzweiflung
über das, was vergangen ist,
denn das Unwiederbringliche
zu beweisen ist die schlimmste
der menschlichen Schwächen.

Worte

Weise ist derjenige, welcher Gott liebt und verehrt. Eines Menschen Verdienst liegt in seinem Wissen und in seinen Taten, nicht aber in seiner Hautfarbe, seinem Glauben, seiner Rasse oder seiner Abstammung. Bedenke, mein Freund, eines Schäfers Sohn, der Wissen besitzt, ist für ein Volk von größerem Wert als der Erbe eines Thrones, wenn er ungebildet ist. Wissen ist dein wahres Adelsprädikat; und es ist ohne Bedeutung, wer dein Vater ist oder welcher Rasse du angehörst.

Worte

Das Unglück der Söhne liegt im Erbe der Eltern. Und wer es nicht ablehnt, wird ein Sklave des Todes bleiben, bis er stirbt.

Gedanken

Baum
des Lebens

Nenne mich nicht weise, bevor
du alle Menschen weise nennst.
Eine junge Frucht bin ich,
die sich an den Zweig klammert,
und es war erst gestern,
daß ich eine Blüte war.
Und nenne keinen unter euch töricht,
denn in Wahrheit sind wir
weder Weise noch Toren.
Wir sind grüne Blätter am Baum des Lebens,
und das Leben selbst
liegt jenseits der Weisheit
und jenseits der Torheit.

Garten

Nach vorn blicken

Mut, der sechste Sinn,
findet den kürzesten Weg zum Erfolg.

Gedanken

•

»Wir gehen zur Stadt der Zukunft«, sprach
das Leben. Daraufhin bat ich: »Hab Mitleid
mit mir, o Leben. Ich bin schwach,
meine Füße sind wund,
und meine Kräfte verlassen mich.«
Doch das Leben erwiderte: »Geh nur vor-
wärts, mein Freund. Zögern bedeutet Feigheit.
Und es ist eine Torheit, stets auf die Stadt
der Vergangenheit zurückzublicken.
Sieh nur, die Stadt der Zukunft winkt …«

Worte

Um das Herz und die Gesinnung
eines Menschen zu verstehen,
solltest du nicht darauf achten,
was er bereits erreicht hat,
sondern darauf,
was er noch anstrebt.

Gedanken

•

Gott schuf euren Geist mit Flügeln,
damit er sich zu den gewaltigen Räumen
von Liebe und Freiheit emporhebe.
Wie traurig, wenn ihr eure Flügel eigenhändig
stutzt und es duldet, daß euer Geist sich wie
ein Wurm auf der Erde windet.

Gedanken

*Der schöpferische Mensch beachtet
den Kritiker so lange nicht,
wie sein Genius fruchtbar ist.*

Gedanken

•

*Über den, der es wagt zu widersprechen,
wird mehr geredet als über den,
der mit allem übereinstimmt.*

Gedanken

Jeder Erneuerer ist ein Umgestalter.
Handelt er richtig, führt er die Menschen
auf den rechten Weg.
Handelt er falsch, wird die Besessenheit,
die er in ihnen entfacht, sie antreiben,
für das Richtige einzutreten.

Gedanken

•

Die Schwierigkeiten, auf die wir stoßen,
wenn wir ein Ziel zu erlangen trachten,
sind der kürzeste Weg zu ihm.

Gedanken

Lebensordnung

»Und was sind die Zeiten des Jahres, wenn nicht eure eigenen Gedanken, die sich ändern?«

Der Tausch

Ein armer Dichter traf einst an einer
Wegkreuzung auf einen reichen Dummkopf,
und sie unterhielten sich. Aber alles,
was sie sagten, brachte nichts als ihre
Unzufriedenheit zutage.
Da kam der Engel der Straße vorbei,
und er legte seine Hände auf die Schultern
der beiden. Und siehe, ein Wunder geschah:
Die zwei Männer hatten nun
ihren Besitz getauscht.
Daraufhin trennten sie sich. Doch seltsam:
Der Dichter fand nur trockenen Fließsand
in seiner Hand; und der Dummkopf
schloß die Augen und spürte nichts als
wandernde Wolken in seinem Herzen.

Wanderer

Entwicklung

Nimm eine Handvoll guter Erde. Vielleicht findest du ein Samenkorn darin oder eine Raupe. Wäre deine Hand nun groß und geduldig genug, würde der Same ein Wald werden und die Raupe eine Schar geflügelter Wesen. Doch vergiß nicht, daß die Jahre, die aus den Samen Wälder bilden und aus den Raupen geflügelte Wesen, Teile von diesem *Heute* sind.

Und was sind die Zeiten des Jahres, wenn nicht eure eigenen Gedanken, die sich ändern? Frühling ist ein Erwachen in eurer Brust, der Sommer aber ein Erkennen eurer Fruchtbarkeit. Ist nicht der Herbst eure Vergangenheit, die dem Kindgebliebenen in euch ein Wiegenlied singt? Und ich frage, ist nicht der Winter ein tiefer Schlaf, voll von Träumen der anderen Zeiten des Jahres?

Garten

Ich gehöre zu denen, die an das Gesetz der Weiterentwicklung glauben. Ich glaube, daß sowohl vollkommene wie auch gefühllose Wesen einer Entwicklung unterworfen sind und daß Religionen und Regierungen sich zu höheren Ebenen aufschwingen werden.

Das Gesetz der Evolution hat ein strenges und tyrannisches Gesicht, und diejenigen, deren Verstand begrenzt oder ängstlich ist, fürchten sich davor; doch seine Leitlinien sind gerecht, und wer sie erlernt, wird erleuchtet. Durch ihre Vernunft können die Menschen über sich selbst hinauswachsen und das Erhabenste erreichen.

Göttin

Herzschläge

Alle Dinge leben, und sie leuchten
vom Wissen des Tages und von der
Erhabenheit der Nacht.
Du und der Stein, ihr seid eins.
Nur in den Schlägen eurer Herzen
gibt es einen Unterschied.
Dein Herz schlägt schneller,
nicht wahr, mein Freund?
Ohne Zweifel aber ist es nicht so ruhig.
Der Rhythmus des Steins mag ein anderer
sein, doch ich sage dir: Wenn du die Tiefen
deiner Seele erkennst und
die Höhen des Raumes erklimmst,
wirst du nur eine Melodie vernehmen,
und in ihr singt der Stein mit dem Stern
in vollendetem Gleichklang.

Garten

Geheimnisse
der Schöpfung

Die Welt ist wieder in die Barbarei zurückgefallen. Was Wissenschaft und Bildung hervorgebracht haben, wird von den neuen Primitiven zerstört. Wir ähneln schon prähistorischen Höhlenbewohnern. Nichts unterscheidet uns mehr von ihnen als unsere Vernichtungswerkzeuge und unsere verfeinerten Mordtechniken.«

So sprechen diejenigen, welche das Gewissen der Welt an ihrem eigenen messen. Sie vergleichen den Raum jeder Existenz mit der winzigen Spanne ihres eigenen Seins – als wäre die Sonne nur zu ihrer Erwärmung da und als wäre das Meer nur geschaffen worden, damit sie sich die Füße darin baden können. Aus dem Innersten des Lebens, aus der Tiefe des Universums, wo die Geheimnisse der Schöpfung verwahrt werden, erheben sich die Riesen wie die Winde, steigen empor wie Wolken und türmen sich auf wie Berge. Und in ihren Kämpfen gelangen uralte Probleme zur Lösung.

Der Mensch jedoch ist bei all seinem Wissen und Können, ungeachtet der Liebe und des Hasses in seinem Herzen und trotz der Qualen, die er erduldet, nur ein Werkzeug in der Hand der Riesen, mit dem sie ihre Ziele erreichen und ihre unvermeidlichen, hohen Absichten verwirklichen können.

Die Ströme von Blut werden dereinst Flüsse voll Wein werden; und die Tränen, welche die Erde benetzten, werden duftende Blumen hervorbringen; und die Seelen, die ihren Aufenthaltsort verlassen haben, werden sich vereinen und am Horizont als ein neuer Morgen erscheinen. Dann wird der Mensch feststellen, daß er Gerechtigkeit und Vernunft auf dem Sklavenmarkt verkauft hat. Er wird verstehen, daß derjenige, der sich für das Recht einsetzt, niemals verlieren wird.

Der Frühling wird kommen, doch wer ihn ohne Hilfe des Winters sucht, wird ihn niemals finden.

Göttin

Körper
und Geist

Keuschheit des Körpers kann vom Geiz
der Seele herrühren.

Gedanken

•

Es bedeutet Sklaverei,
sein Leben nur durch den Geist zu leben,
es sei denn, dieser ist ein Teil
des Körpers geworden.

Gedanken

•

So wie es zwischen Seele
und Körper eine Verbindung
gibt, ist auch der Körper
mit seiner Umgebung verbunden.

Gedanken

Ihr seid Geist, obwohl ihr euch
in Körpern bewegt;
und wie Öl in der Dunkelheit brennt,
seid ihr Flammen in einer Lampe.
Wäret ihr nur Körper,
würde mein Dasein und Sprechen
nichtig sein, als ob der Tote den Toten riefe.
Doch ist es nicht so.
Alles, was unsterblich ist in euch,
ist frei bei Tag und bei Nacht
und kann nach dem Willen
des Allerhöchsten nicht
eingeschlossen und gefangen sein.
Ihr seid Sein Atem, welcher wie der Wind
weder gefaßt noch gefangen werden kann.
Und auch ich bin Atem Seines Atems.

Garten

Meine Seele

»Gott hat dir eine
beflügelte Seele gegeben, um dich
in den weiten Himmel von Liebe
und Freiheit zu erheben.«

M iß nicht die Zeit«, sprach meine Seele zu mir, »indem du sagst, dieses war gestern und jenes wird morgen sein.«

Denn ehe meine Seele zu mir sprach, hielt ich die Vergangenheit für eine Epoche, die nicht wiederkehrt, und die Zukunft für einen Zeitabschnitt, der niemals erreicht werden kann.

Jetzt aber weiß ich, daß ein Augenblick der Gegenwart die gesamte Zeit in sich birgt, und in ihm liegt all das, was man erhoffen, tun und verwirklichen kann.

Meine Seele ermahnte mich, und sie riet mir, nicht die Welt zu begrenzen, indem ich sage: »Hier, da und dort.« Bevor meine Seele mich ermahnte, meinte ich, jeder Ort, an den ich ging, sei weit von jedem anderen entfernt.

Jetzt habe ich erfahren, daß der Ort, an dem ich bin, auch immer alle anderen Orte mit einschließt; und die Entfernung, die ich durchmesse, birgt alle Entfernungen in sich.

Göttin

*Das Herz des Menschen schreit um Hilfe;
die menschliche Seele fleht uns um Erlösung
an; doch wir achten nicht auf ihre Schreie,
denn wir hören und verstehen nicht.
Denjenigen aber, der hört und versteht,
nennen wir verrückt und meiden ihn.*

Worte

•

*Gott hat dir eine beflügelte Seele gegeben,
um dich in den weiten Himmel von Liebe
und Freiheit zu erheben. Ist es da nicht
schade, daß du die Schwingen mit deinen
eigenen Händen brichst und es zuläßt,
daß deine Seele wie ein Insekt auf dem
Erdboden kriecht?*

Worte

Meine Seele ermahnte mich,
und sie ließ mich auf jene Stimmen hören,
die weder durch Zunge
noch Kehlkopf oder Lippen
geäußert werden.
Ehe meine Seele mich ermahnte,
vernahm ich nur Geschrei und Klagen.
Doch nun kümmere ich mich
eifrig um die Stille,
und ich vernehme ihre Choräle
und wie sie die Hymnen der Zeiten
und die Lieder des Firmaments
singt und die Geheimnisse
des Unsichtbaren verkündet.

Göttin

Erkenntnis

*» Wenn du das Tal
sehen möchtest,
steige auf den Berg. «*

Einen Tautropfen betrachtend,
entdeckte ich
das Geheimnis des Meeres.

Gedanken

•

Eingebung ist,
wenn du einen Teil des Ganzen
mit dem Teil des Ganzen siehst,
der in dir ist.

Gedanken

•

Wahrheit ist der Wille
und das Ziel Gottes
im Menschen.

Gedanken

Wenn du das Tal sehen möchtest,
steige auf den Berg.
Willst du die Bergspitze erblicken,
schwinge dich zur Wolke empor.
Willst du jedoch die Wolke verstehen,
schließe die Augen und denke nach.

Gedanken

•

Und denkt daran: Ich lehre euch nicht
das Geben, sondern das Empfangen;
nicht die Verweigerung, sondern
die Erfüllung; und nicht den Gewinn,
sondern das Verstehen, mit einem
Lächeln auf den Lippen.
Ich lehre euch nicht die Stille, sondern
ein sanftes Lied.
Ich lehre euch euer größeres Selbst, das
alle Menschen in sich tragen.

Garten

Quellen

Die Texte sind folgenden Büchern von
Khalil Gibran entnommen:

*Der Meister und sein Schüler. In: Das große Khalil
Gibran Lesebuch. Goldmann, München 1992.
(Meister und Schüler)*

*Der Wanderer. Goldmann, München 1987.
(Wanderer)*

*Die Söhne der Göttin. In: Das große Khalil Gibran
Lesebuch. Goldmann, München 1992. (Göttin)*

*Erde und Seele. Ungewöhnliche Weisheiten.
Walter, Zürich/Düsseldorf 1996. (Erde)*

*Gedanken und Meditationen. In: Das große Khalil
Gibran Lesebuch. Goldmann, München 1992.
(Gedanken)*

*Im Garten des Propheten. Goldmann, München 1986.
(Garten)*

*Rebellische Geister. Geschichten. Walter, Solothurn/
Düsseldorf. 5. Aufl. 1993. (Rebellische Geister)*

*Sand und Schaum. Aphorismen. Walter, Zürich/
Düsseldorf. 11. Aufl 1997. (Sand)*

*Worte des Meisters. In: Das große Khalil Gibran
Lesebuch. Goldmann, München 1992. (Worte)*